Min tvåspråkiga bilderbok
Moja dwujęzyczna książka obrazkowa

Sefas vackraste barnsagor i en volym

Ulrich Renz • Barbara Brinkmann:

Sov gott, lilla vargen · Śpij dobrze, mały wilku

För barn från 2 år

Cornelia Haas • Ulrich Renz:

Min allra vackraste dröm · Mój najpiękniejszy sen

För barn från 2 år

Ulrich Renz • Marc Robitzky:

De vilda svanarna · Dzikie łabędzie

Efter en saga av Hans Christian Andersen

För barn från 5 år

© 2024 by Sefa Verlag Kirsten Bödeker, Lübeck, Germany. www.sefa-verlag.de

Special thanks to Paul Bödeker, Freiburg, Germany

All rights reserved.

ISBN: 9783756305414

Läsa · Lyssna · Förstå

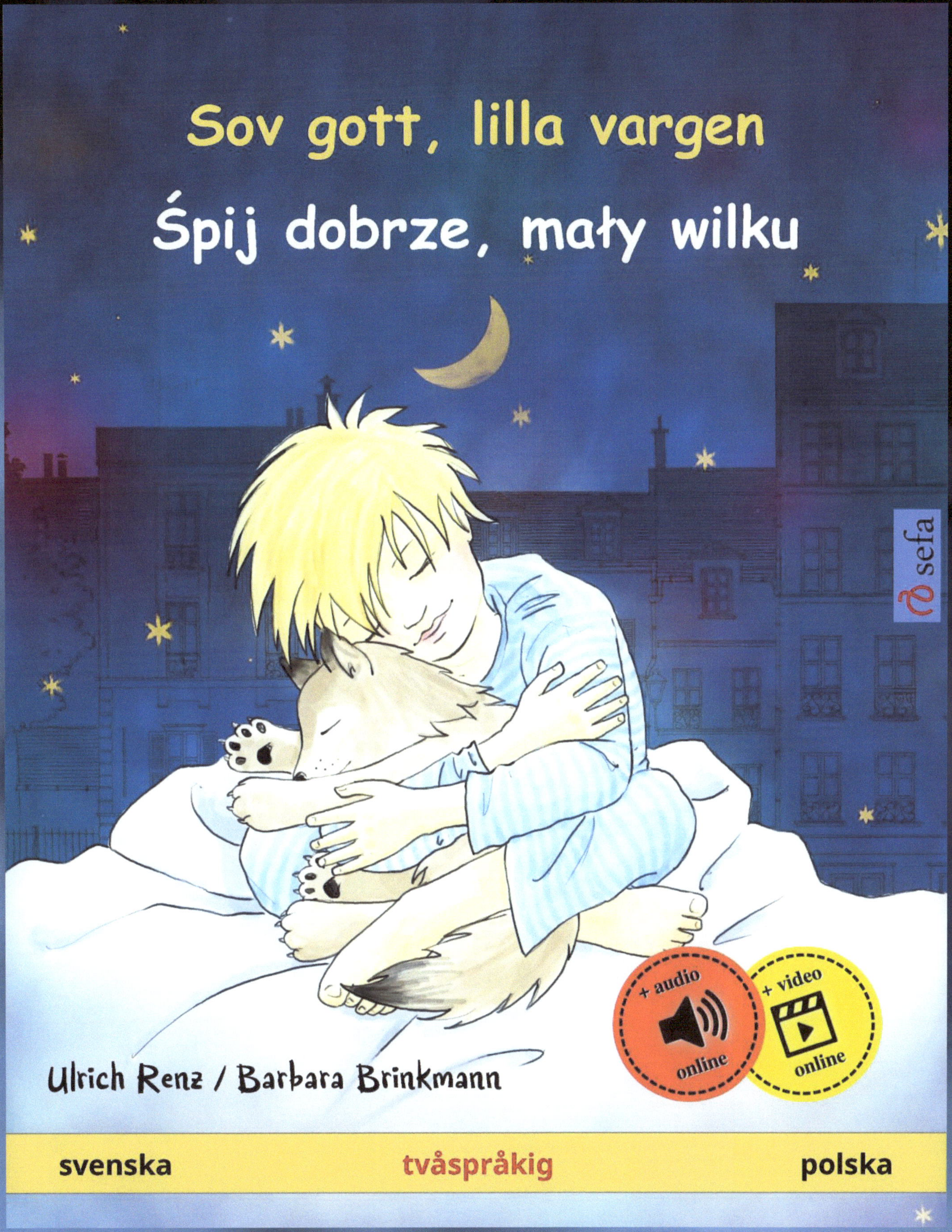
Sov gott, lilla vargen
Śpij dobrze, mały wilku
sefa
+ audio
online
+ video
online
Ulrich Renz / Barbara Brinkmann
svenska
tvåspråkig
polska

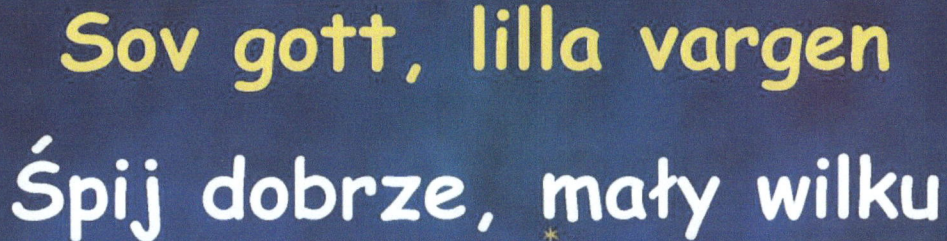

Översättning:

Katrin Bienzle Arruda (svenska)

Jolanta Zak (polska)

Ljudbok och video:

www.sefa-bilingual.com/bonus

Fri tillgång med lösenordet:

```
svenska:  LWSV2831

polska:   LWPL2521
```

God natt, Tim! Vi fortsätter att leta imorgon.
Sov nu så gott!

Dobranoc, Tim! Jutro wznowimy poszukiwania.
Teraz, śpij dobrze!

Det är redan mörkt ute.

Na zewnątrz jest już ciemno.

Vad gör Tim där?

Co Tim robi?

Han går ut till lekplatsen.
Vad är det han letar efter?

Wychodzi na plac zabaw.
Czego on tam szuka?

Den lilla vargen!

Han kan inte sova utan den.

Małego wilka!

Nie może bez niego spać.

Vem är det nu som kommer?

Któż to nadchodzi?

Marie! Hon letar efter sin boll.

Marie! Szuka swojej piłki.

Och vad letar Tobi efter?

A czego szuka Tobi?

Sin grävmaskin.

Jego koparki.

Och vad letar Nala efter?

A czego szuka Nala?

Sin docka.

Swojej lalki.

Måste inte barnen gå och lägga sig?
Undrar katten.

Czy dzieci nie muszą już iść spać?
– zastanawia się kot.

Vem kommer nu?

Kto nadchodzi teraz?

Tims mamma och pappa!
Utan deras Tim kan de inte sova.

Mama i tata Tima!
Nie mogą spać bez Tima.

Och nu kommer ännu fler! Maries pappa.
Tobis morfar. Nalas mamma.

Nadchodzi ich coraz więcej. Tata Marie.
Dziadek Tobiego. I mama Nali.

Nu skyndar vi oss i säng!

Teraz, szybko do łóżka!

God natt, Tim!
Imorgon behöver vi inte leta mer!

Dobranoc, Tim!
Jutro nie będziemy musieli już więcej szukać.

Sov gott, lilla vargen!

Śpij dobrze, mały wilku!

Cornelia Haas • Ulrich Renz

Min allra vackraste dröm
Mój najpiękniejszy sen

Översättning:

Narona Thordsen (svenska)

Joanna Barbara Wallmann (polska)

Ljudbok och video:

www.sefa-bilingual.com/bonus

Fri tillgång med lösenordet:

svenska: **BDSV2831**

polska: **BDPL2521**

Min
allra vackraste dröm

Mój najpiękniejszy
sen

Cornelia Haas · Ulrich Renz

svenska   tvåspråkig   polska

Lulu kan inte somna. Alla andra drömmer redan – hajen, elefanten, den lilla musen, draken, kängurun, riddaren, apan, piloten. Och lejonungen. Även björnen kan nästan inte hålla ögonen öppna ... Du björn, kan du ta med mig in i din dröm?

Lulu nie może zasnąć. Wszyscy inni już śnią – rekin, słoń, myszka, smok, kangur, rycerz, małpa, pilot. I lwiątko też. Misiowi także, już prawie oczy się zamykają ...

Misiu, zabierzesz mnie do twojego snu?

Och med det så finner sig Lulu i björnarnas drömland. Björnen fångar fisk i Tagayumisjön. Och Lulu undrar, vem skulle kunna bo där uppe i träden? När drömmen är slut vill Lulu uppleva ännu mer. Följ med, vi hälsar på hajen! Vad kan han drömma om?

I już jest Lulu w misiowej krainie snu. Miś łowi ryby w jeziorze Tagayumi. A Lulu dziwi się, kto mieszka tam w górze na drzewach?
Gdy sen się kończy, Lulu chce jeszcze więcej przeżyć. Chodź ze mną, odwiedzimy rekina! O czym on śni?

Hajen leker tafatt med fiskarna. Äntligen har han vänner! Ingen är rädd för hans spetsiga tänder.

När drömmen är slut vill Lulu uppleva ännu mer. Följ med, vi hälsar på elefanten! Vad kan han drömma om?

Rekin bawi się z rybami w berka. Nareszcie ma przyjaciół! Nikt nie boi się jego ostrych zębów.
Gdy sen się kończy, Lulu chce jeszcze więcej przeżyć. Chodź ze mną, odwiedzimy słonia! O czym on śni?

Elefanten är lika lätt som en fjäder och kan flyga! Snart landar han på den himmelska ängen.

När drömmen är slut vill Lulu uppleva ännu mer. Följ med, vi hälsar på den lilla musen! Vad kan hon drömma om?

Słoń jest lekki jak piórko i umie latać! Zaraz wyląduje na niebiańskiej łące. Gdy sen się kończy, Lulu chce jeszcze więcej przeżyć. Chodź ze mną, odwiedzimy myszkę! O czym ona śni?

Den lilla musen är på ett tivoli. Mest gillar hon berg- och dalbanan. När drömmen är slut vill Lulu uppleva ännu mer. Följ med, vi hälsar på draken. Vad kan hon drömma om?

Myszka przypatruje się wesołemu miasteczku. Najbardziej podoba jej się kolejka górska.
Gdy sen się kończy, Lulu chce jeszcze więcej przeżyć. Chodź ze mną, odwiedzimy smoka! O czym on śni?

Draken är törstig av att ha sprutat eld. Hon skulle vilja dricka upp hela sockerdrickasjön.

När drömmen är slut vill Lulu uppleva ännu mer. Följ med, vi hälsar på kängurun! Vad kan hon drömma om?

Smok jest spragniony od ziania ogniem. Najchętniej wypiłby całe jezioro lemoniady.

Gdy sen się kończy, Lulu chce jeszcze więcej przeżyć. Chodź ze mną, odwiedzimy kangura! O czym on śni?

Kängurun hoppar genom godisfabriken och stoppar sin pung full. Ännu fler av de blåa karamellerna! Och ännu fler klubbor! Och choklad!
När drömmen är slut vill Lulu uppleva ännu mer. Följ med, vi hälsar på riddaren. Vad kan han drömma om?

Kangur skacze po fabryce słodyczy i napycha swoją torbę do pełna. Jeszcze więcej tych niebieskich cukierków! I jeszcze więcej lizaków! I czekolady! Gdy sen się kończy, Lulu chce jeszcze więcej przeżyć. Chodź ze mną, odwiedzimy rycerza! O czym on śni?

Riddaren har tårtkrig med sin drömprinsessa. Oj! Gräddtårtan missar! När drömmen är slut vill Lulu uppleva ännu mer. Följ med, vi hälsar på apan! Vad kan han drömma om?

Rycerz i jego księżniczka toczą bitwę na torty. Och! Tort śmietankowy nie trafił do celu!
Gdy sen się kończy, Lulu chce jeszcze więcej przeżyć. Chodź ze mną, odwiedzimy małpę! O czym ona śni?

Äntligen har det snöat i aplandet! Hela apgänget är helt uppspelta och gör rackartyg.

När drömmen är slut vill Lulu uppleva ännu mer. Följ med, vi hälsar på piloten! I vilken dröm kan han ha landat i?

Nareszcie spadł śnieg w krainie małp! Cała zgraja małp jest całkiem poza sobą i urządza przedstawienie.
Gdy sen się kończy, Lulu chce jeszcze więcej przeżyć. Chodź ze mną, odwiedzimy pilota! W jakim śnie on wylądował?

Piloten flyger och flyger. Ända till världens ände och ännu längre, ända till stjärnorna. Ingen pilot har någonsin klarat av detta tidigare.

När drömmen är slut så är alla väldigt trötta och känner inte för att uppleva mycket mer. Men lejonungen vill de fortfarande hälsa på. Vad kan hon drömma om?

Pilot lata i lata. Aż na koniec świata i jeszcze dalej, aż do gwiazd. To, nie udało się jeszcze żadnemu innemu pilotowi.

Gdy sen się kończy, wszyscy są już bardzo zmęczeni i nie chce im się nic więcej przeżyć. Ale chcą jeszcze odwiedzić lwiątko. O czym ono śni?

Lejonungen har hemlängtan och vill tillbaka till sin varma mysiga säng. Och de andra med.

Och där börjar ...

Lwiątko tęskni za domem i chce wrócić do ciepłego, przytulnego łóżka.

I inni też.

I wtedy zaczyna się ...

... Lulus
allra vackraste dröm.

... najpiękniejszy sen Lulu.

Ulrich Renz • Marc Robitzky

De vilda svanarna

Dzikie łabędzie

Översättning:

Narona Thordsen (svenska)

Joanna Wallmann (polska)

Ljudbok och video:

www.sefa-bilingual.com/bonus

Fri tillgång med lösenordet:

svenska: **WSSV2831**

polska: **WSPL2521**

Ulrich Renz · Marc Robitzky

De vilda svanarna

Dzikie łabędzie

Efter en saga av

Hans Christian Andersen

svenska · tvåspråkig · polska

Det var en gång tolv kungabarn—elva bröder och en storasyster, Elisa. De levde lyckliga i ett underbart vackert slott.

Dawno, dawno temu, było sobie dwanaścioro dzieci królewskich—jedenastu braci i starsza siostra, Elisa. Żyli sobie szczęśliwie w przepięknym zamku.

En dag dog modern, och efter en tid gifte sig kungen på nytt. Men den nya kvinnan var en elak häxa. Hon förtrollade de elva prinsarna så att de blev svanar och skickade dem långt bort till ett fjärran land bakom den stora skogen.

Pewnego dnia zmarła ich matka. Jakiś czas później król ożenił się ponownie, ale nowa żona była złą czarownicą. Zaczarowała książęta w łabędzie i wysłała je daleko, do obcego kraju, po drugiej stronie wielkiego lasu.

Flickan klädde hon i trasor och smörjde in henne med en ful salva i ansiktet så att den egna fadern inte längre kände igen henne och jagade bort henne från slottet. Elisa sprang in i den mörka skogen.

Dziewczynkę ubrała w łachmany, a jej twarz posmarowała oszpecającą maścią. Ojciec nie rozpoznał jej i wygnał z zamku. Elisa uciekła do wielkiego, ciemnego lasu.

Nu var hon helt ensam och längtade efter hennes försvunna bröder med hela sitt hjärta. När det blev kväll bäddade hon en säng av mossa under träden.

Teraz była całkowicie sama i w głębi duszy tęskniła za swoimi zaginionymi braćmi. Gdy zapadł wieczór, zrobiła sobie pod drzewami posłanie z mchu.

Nästa morgon kom hon fram till en lugn sjö och blev förskräckt när hon däri såg sin spegelbild. Men efter att hon hade tvättat sig var hon det vackraste kungabarnet på jorden.

Następnego ranka dotarła nad ciche jezioro i wystraszyła się, widząc w nim swoje odbicie. Gdy się umyła, stała się znowu najpiękniejszą księżniczką pod słońcem.

Efter många dagar nådde Elisa det stora havet. På vågorna gungade elva svanfjädrar.

Po wielu dniach Elisa dotarła nad wielkie morze. Na falach unosiło się jedenaście łabędzich piór.

När solen gick ner hördes ett sus i luften och elva vilda svanar landade på vattnet. Elisa kände genast igen sina förtrollade bröder. Men för att dom talade svanspråket kunde hon inte förstå dem.

O zachodzie słońca słychać było szum w powietrzu. Jedenaście dzikich łabędzi wylądowało na wodzie. Elisa od razu rozpoznała w nich swoich zaczarowanych braci. Nie mogła ich zrozumieć, gdyż nie znała mowy łabędzi.

På dagen flög svanarna bort, under natten kurade syskonen ihop sig i en grotta.

En natt hade Elisa en besynnerlig dröm: Hennes mor sade till henne hur hon kunde befria sina bröder. Av nässlor skulle hon sticka en skjorta för varje svan och dra den över den. Men tills dess får hon inte tala ett enda ord, annars måste hennes bröder dö.
Elisa började genast med arbetet. Trots att hennes händer sved som brända med eld stickade hon outtröttligt.

Za dnia łabędzie odlatywały, a nocą rodzeństwo spało w jaskini, przytulone do siebie.

Pewnej nocy Elisa miała dziwny sen: matka powiedziała jej, w jaki sposób może zdjąć czar z braci. Powinna dla każdego łabędzia upleść z pokrzyw koszulkę i mu ją narzucić. Do tego momentu nie wolno jej powiedzieć ani jednego słowa, inaczej bracia umrą.
Elisa natychmiast zabrała się do pracy. Chociaż ręce paliły jak ogień, plotła niestrudzenie.

En dag ljöd jakthorn i fjärran. En prins kom ridande med sitt följe och stod snart framför henne. När de såg in i varandras ögon blev de förälskade i varandra.

Pewnego dnia w oddali rozbrzmiały rogi myśliwskie. Wkrótce przybył konno książę wraz ze swoją świtą. Gdy tych dwoje spojrzało sobie w oczy, zakochali się.

Prinsen lyfte upp Elisa på sin häst och red med henne till sitt slott.

Książę posadził Elisę na konia i galopem ruszyli do zamku.

Den mäktige skattmästaren var allt annat än glad över ankomsten av den stumma vackra. Hans egen dotter skulle bli prinsens brud.

Potężny skarbnik nie był zadowolony z przybycia pięknej niemowy. To jego córka miała zostać żoną księcia.

Elisa hade inte glömt sina bröder. Varje kväll fortsatte hon att arbeta med skjortona. En natt gick hon ut till kyrkogården för att hämta färska nässlor. Samtidigt blev hon hemligt iakttagen av skattmästaren.

Elisa nie zapomniała o swoich braciach. Każdego wieczora pracowała dalej nad koszulkami. Pewnej nocy poszła na cmentarz po świeże pokrzywy. Skarbnik obserwował ją przy tym potajemnie.

Så snart som prinsen var på en jaktutflykt lät skattmästaren slänga Elisa i fängelsehålan. Han hävdade att hon var en häxa som mötte andra häxor på natten.

Gdy tylko książę wyruszył na polowanie, skarbnik rozkazał wrzucić Elisę do lochu. Rozgłosił, że jest ona czarownicą i nocą spotyka się z innymi czarownicami.

I gryningen blev Elisa hämtad av vakterna. Hon skulle brännas på torget.

O świcie straż przyszła po Elisę. Miała zostać spalona na rynku.

De hade knappast kommit fram när plötsligt elva vita svanar kom flygande. Snabbt drog Elisa en nässelskjorta över var och en. Snart stod alla hennes bröder framför henne som människofigurer. Bara den yngsta, vars skjorta inte hade blivit helt färdig, behöll en vinge istället för en arm.

Gdy tam doszła, nagle nadleciało jedenaście białych łabędzi. Elisa szybko narzuciła każdemu z nich koszulkę z pokrzyw. W mgnieniu oka stanęli przed nią wszyscy jej bracia w ludzkiej postaci. Tylko ten najmłodszy, którego koszulka nie była całkowicie gotowa, zachował w miejscu ramienia skrzydło.

Syskonens kramande och pussande hade inte tagit slut än när prinsen kom tillbaka. Äntligen kunde Elisa förklara alltihopa. Prinsen lät den elake skattmästaren slängas i fängelsehålan. Och sedan firade de bröllop i sju dagar.

Och så levde de lyckliga i alla sina dagar.

Jeszcze długo po powrocie księcia, objęciom i pocałunkom rodzeństwa nie było końca. Elisa mogła mu wreszcie wszystko wytłumaczyć. Książę rozkazał wrzucić złego skarbnika do lochu i siedem dni świętowano zaślubiny.

I żyli długo i szczęśliwie.

Hans Christian Andersen

Hans Christian Andersen was born in the Danish city of Odense in 1805, and died in 1875 in Copenhagen. He gained world fame with his literary fairy-tales such as „The Little Mermaid", „The Emperor's New Clothes" and „The Ugly Duckling". The tale at hand, „The Wild Swans", was first published in 1838. It has been translated into more than one hundred languages and adapted for a wide range of media including theater, film and musical.

Barbara Brinkmann föddes i München (Tyskland) år 1969. Hon studerade arkitektur i München och arbetar för närvarande vid Institutionen för Arkitektur vid München tekniska universitet. Hon arbetar också som grafisk formgivare, illustratör och författare.

Cornelia Haas föddes 1972 nära Augsburg (Tyskland). Efter utbildningen som skylt- och ljusreklamtillverkare studerade hon design vid Münster yrkeshögskola och utexaminerades som diplom designer. Sedan 2001 illusterar hon barn- och ungdomsböcker, sedan 2013 undervisar hon i akryl- och digitalmålning vid Münster yrkeshögskola.

Marc Robitzky, born in 1973, studied at the Technical School of Art in Hamburg and the Academy of Visual Arts in Frankfurt. He works as a freelance illustrator and communication designer in Aschaffenburg (Germany).

Ulrich Renz föddes 1960 i Stuttgart (Tyskland). Efter att ha studerat fransk litteratur i Paris tog han läkarexamen i Lübeck och var chef för ett vetenskapligt förlag. Idag är Renz frilansförfattare, förutom faktaböcker skriver han barn- och ungdomsböcker.

Gillar du att måla?

Här kan du hitta bilderna från berättelsen för färgläggning:

www.sefa-bilingual.com/coloring

www.ingramcontent.com/pod-product-compliance
Lightning Source LLC
LaVergne TN
LVHW070444080526
838202LV00035B/2732